图解世界地理

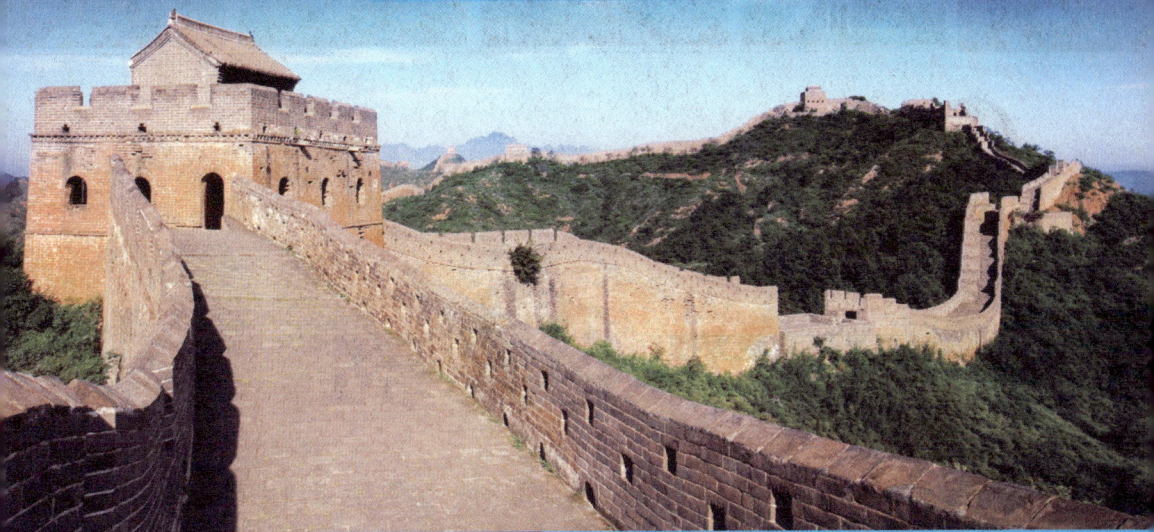

QIAN GU MING SHENG DA TU JIE　　赵喜臣◎编著

千古名胜大图解

吉林出版集团股份有限公司｜全国百佳图书出版单位

前言
PREFACE

　　世界地理是我们全面认识地球的一个重要窗口。地球是我们人类赖以生存的摇篮，为我们创造了许许多多的绝妙景色，可谓美不胜收，那么我们从哪里着眼看起呢？怎样才能看得更加全面和认识得更加深刻呢？

　　河流是地球陆地表面上经常或间歇有水流动的线形成天然水道，是地球的血脉。河流较大的称江、河、川、水，较小的称溪、涧、沟、曲等。每条河流都有河源和河口，而河源是河流的发源地，有的是泉水，有的是湖泊、沼泽或是冰川，各条河的河源情况虽然不一样，但都是河流的生命之源；河口是河流的终点，或流入海洋，或流入干河、湖泊或沼泽等地方。

　　河流无论起源哪里，还是流到哪里，都是展开的浓墨重彩的画卷，或者滚滚波涛激起汹涌奔腾的壮丽大河，或者碧波青青汇成千里如镜的秀美湖泊，或者湍湍激流荡起倾泻而下的飞流瀑布，都给我们如诗如画的美感。

　　无论是巍峨挺拔、连绵起伏的山脉，还是高耸入云、白雪皑皑的山峰，或者是深不可测、万壑千岩的山谷，都充满了阳刚之美，都能给我们气势磅礴的震撼。

　　在地球的表面，高低起伏悬殊，形态变化多端，表现出自然的大美之景：澄澈干净、千年结成的冰川；烈焰喷射、熔岩滚流

的火山；茫茫戈壁、广袤无垠的沙漠；碧野千里、芳草连天的草原；古木参天、层林尽染的森林，等等。

总之，地球是我们人类赖以生存的摇篮，我们每天享受着地球所孕育的一切，然而又有谁能够清楚地知道地球究竟是什么样子呢？整个地球可谓是千姿百态，绝妙之美，使我们对地球感到既熟悉又陌生，我们须漫游地球，重新认识地球。

地球可谓是个大花园，除了自然地理之美外，还有人文地理之美，这就更是具有深沉意义之美了。我们人类生活在地球之上，除了享受地球带给我们的美，我们也创造了许许多多的美，包括建筑、名胜和古迹等具有人文内涵的美，使得自然地理和人类社会更加丰富多彩。

世界地理从自然到人文，所蕴藏的奥妙与绝美，简直是不胜枚举。从地表到地核，从沙漠到海洋，从高山到河流，真是无奇不有，美丽无限。

为了普及科学知识，激励广大读者认识和探索地球无穷魅力，根据中外最新研究成果，特别编辑了本套丛书，主要包括世界自然河流、湖泊、瀑布、冰川、火山、沙漠、草原、森林、物种等，还包括具有人文意蕴的桥梁、建筑、名胜、古迹、古堡、古城、古墓等方面的内容，具有很强的系统性、科学性、可读性和新奇性。

目 录
CONTENTS

神王宙斯的神殿

宙斯的神奇传说

宙斯是古希腊神谱系中的第三代神王，他是全能之神，能明察世间任何事物，决定着神灵和人的命运。

宙斯在罗马神话中被称为朱庇特，是克洛诺斯与端亚最小的儿子。

克洛诺斯通过推翻他的父亲乌拉诺斯，获得了最高权力。在

他得知他也会和自己的父亲一样被自己的孩子推翻时，便把他的孩子们吞进了肚子。

他的妻子瑞亚因为不忍心宙斯也被吞进肚子，于是拿了块石头假装宙斯给他吞下。宙斯长大后，联合兄弟姐妹一起与父亲展开了激烈的斗争。

经过10年战争，宙斯终于在祖母大地女神该亚的帮助下战胜了父亲，宙斯和他的兄弟波塞冬、哈迪斯分管天界、海界和冥界。从此，宙斯成为掌管宇宙的统治者。

宙斯神殿是谁建造的

奥林匹斯山的宙斯神像是古希腊雕刻家菲迪亚斯的杰作，他用象牙制作成宙斯神像的躯体，用黄金制成宙斯神像的长袍。

宙斯神殿是多利斯式的建筑，整座神像及他穿的长袍都是由黄金制成，他头戴橄榄编织的花环，右手握着由象牙和黄金制成

的胜利女神像，左手拿着一把镶有闪烁耀眼金属的权杖，上面停留着一只鹰。

1954年至1958年间，考古学家在距离宙斯神殿不远的地方，挖出菲迪亚斯工作地方的遗址，形状大小与神殿的主室相同。菲

迪亚斯可以在这种类似神殿的环境中雕塑宙斯像，而不致妨碍到神殿其他工作的进行。

在菲迪亚斯工作室遗址上还发现了很多公元前435年制造的雅典陶器、象牙、玻璃、金匠工具，以及赤陶模型的碎片，看来是

供制造神像部分衣饰之用。在出土的陶器当中，有一个残破不全的杯子，杯子有刻工精细的文字："我属于菲迪亚斯"。

宙斯神像是如何毁灭的

神像昂然地接受人类崇拜达900多年，但最后基督教结束一切。393年，罗马皇帝都路一世，毅然颁发禁止竞技的敕令，古代奥林匹克竞技大会也是在这一年终止。

接着，426年，又颁发了异教神庙破坏令，于是宙斯神像就遭到破坏，菲迪斯亚的工作室也被改为教堂，古希腊从此灰飞烟灭。神庙内倾颓的石柱也在522年和551年的地震中被震垮，石材被拆，改建成抵御蛮族侵略的堡垒；随后这一地区经常发生洪水

泛滥，整个城市就被埋没在很厚的淤泥下了。

所幸的是神像在这之前已被运往君士坦丁堡，被路易西收藏于宫殿内达60年之久，可惜最后也毁于城市暴动中。

拓展阅读

宙斯神像已消失于世上，如今他却以另一方式存在，伟大的宙斯脸孔变成了东正教的全能基督像。在伊斯坦堡科拉的圣方济各小教堂内，顶端宝座上坐着的就是化为基督的奥林亚宙斯神。

雄伟的摩索拉斯陵墓

犹如悬在空中的陵墓

摩索拉斯陵墓位于哈利卡纳苏斯，在土耳其的西南方。陵墓著名之处除了它的建筑外，还有那些雕像中还包含着许多解不开的谜团。

陵墓的规模十分宏大，高耸入云，气势蔚为壮观，犹如悬在

空中。除了恢宏的外表之外，陵墓内部非常精美的装饰、雕塑和众多的雕像，也为这座宏伟的建筑增添了不少光彩。

整座建筑由三部分组成。底部高大，近似于方形的台基，高达19米，长39米，宽33米。台基之上竖立着一个由36根柱子构成的爱奥尼亚式的珍奇华丽的连拱廊，陵墓的顶饰是高达4米的摩索拉斯和王后阿尔特米西娅二世的乘车塑像。

为何建造如此雄伟的陵墓

摩索拉斯陵墓散发着一种神秘的气息，陵墓的主人是古代小亚细亚加里亚国王摩索拉斯。加里亚是当时阿那托利高原西南部的一个小国，受波斯帝国的统治。

古往今来，历代君王为自己建造辉煌的陵墓以图不朽，但摩索拉斯不过是一个强大的波斯帝国任命的地方长官，为何要建一

座只有埃及法老的金字塔才可与之媲美的安息之所?

有人说,这位太阳神赫利俄斯之子要效法高贵的埃及法老去触摸太阳。摩索拉斯虽然在名分上低于波斯帝王一等,但他毕竟是一方之主。他很清楚地知道自己不会在军事上取得卓越成就,也不可能成为杰出的诗人和哲学家而青史留名。为了令别人对他的小国刮目相看,他下令修建陵墓,以展示自己的权力。

摩索拉斯被安葬了吗

然而,摩索拉斯不仅生前没能亲眼目睹自己耗尽20多年心血建造的长眠之地,而且死后也未能如愿地安葬在那座高大雄伟的陵墓里。

据说摩拉索斯死后,深爱他的王后将他的骨头碾磨成粉末,

溶解在葡萄酒里供自己饮用，国王和王后之间纯洁动人的爱情故事因此失色不少。

英国考古学家查尔斯·牛顿从1856年起便在摩拉索斯陵墓内进行发掘工作，但时至今日，人们仍不清楚摩索拉斯的石棺究竟是在神像室里，还是放在建筑物下面地基内部的墓穴中，或许他真的没有被安葬在里面。

也有人指出，摩拉索斯陵墓是一座家族的坟墓。这些人猜想，这里可能并不只是一位国王的墓葬，而是为了纪念和缅怀整个埃卡多米尼迪王朝修建的陵墓。

陵墓为什么建在市中心

对此，有人从古希腊人的价值观角度来解释。在古希腊的文化氛围里，死者的世界是黑暗而寂静的，出没着恐怖的幽灵，人

死后就会过着暗无天日的生活。只有尽可能地为自己赢得死后的荣誉，这样亡灵就会依然存在于活着的人的意识之中，这样才能超越死亡，赋予生命永恒的意义。

也许，摩索拉斯就是这样想的，他也的确因此而名垂青史了。然而，他的陵墓却在15世纪前的一次大地震中受损。

陵墓是被谁毁坏的呢

1402年，汪达尔人圣·乔万尼率领的骑兵征服了哈利卡纳苏斯，征服者对这座异教徒的艺术圣殿不但毫无仰慕之情，反而深恶痛绝。

1494年，为了加固军事要塞，统治者们毫不留情地把陵墓当成了采石场，甚至连很小的碎片都被送进了石灰碾磨厂，用于大

规模建造他们的堡垒圣彼得堡。雄伟的摩索拉斯陵墓就这样渐渐被毁掉了。

　　摩索拉斯陵墓的闻名之处是它的雕刻。存放在大英博物馆的摩索拉斯王陵遗迹中有世界上古老希腊像的雕刻碎片，栩栩如生的真实人像，这就是陵墓成为奇观的原因。

特奥蒂瓦坎遗址

特奥蒂瓦坎文化诞生

特奥蒂瓦坎，意为天神降生的地方，是古代墨西哥印第安人的古城遗址，位于墨西哥城东北40千米处的波波卡特佩尔火山和依斯塔西瓦特尔火山谷底之间，面积达20平方千米。

特奥蒂瓦坎文化约形成于公元前500年，1世纪至6世纪发展至鼎盛时期，9世纪时开始衰落。它全盛时期时是全美洲最大的城

市，拥有大约12万人口。

特奥蒂瓦坎被誉为众神之都，城中有闻名遐迩的死亡大道、太阳金字塔和月亮金字塔。这座城市创造的文明，不仅支配着当时的整个王国，还影响了玛雅文明的发展。

通向死亡的大道

死亡大道位于特奥蒂瓦坎的标志性建筑太阳金字塔和月亮金字塔的脚下。长约2500多米，像一条城市的中线。当年，不知有多少人在这条路上被祭司送往神殿祭神。"死亡大道"的称呼由此得名。

南北走向的死亡大道和另一条东西走向的大街把整个特奥蒂瓦坎城区分成了4部分，代表统治阶层的祭司和贵族占据了离金字塔最近的地段，远离喧闹的市场。

金字塔里藏着什么秘密

特奥蒂瓦坎城市北端是月亮金字塔，南端是太阳金字塔，分别是祭祀月亮神和太阳神的宗教建筑。

太阳金字塔是特奥蒂瓦坎城最大、最早的建筑。那么特奥蒂瓦坎人是否有可能将他们早期首领的遗体保存在太阳金字塔里边呢？现在还很难发现有力的证据。

几百年来，考古学家们就一直在研究这两座金字塔，希望能从中得到曾经生活在那里的人们的消息。很多科学家相信太阳金字塔内可能藏有当时统治者的重要遗物，但却一直没能揭示出太阳金字塔到底有何秘密。

2010年8月，考古学家宣布在墨西哥著名的特奥蒂瓦坎金字塔建筑群内发现了一条深12米，长约100多米的隧道。隧道入口位

于羽蛇庙的入口处，考古学家认为这里应该曾经是放置当时的统治者的尸体的地方。

特奥蒂瓦坎为何突然衰败

特奥蒂瓦坎约在公元前800年迎来了它最初的定居者，繁荣时的影响扩展至数百千米以外，成为当时中美洲最繁华的城市。直至7世纪，不知何种原因，这座古城被放弃了，城中的居民也消失了。

墨西哥的一位考古学家称，特奥蒂瓦坎城的突然衰落可能和当时的政治有关。当时在多提哈罕人内部，可能爆发了一场反对

统治者的起义，以至于最后城内居民迁徙别处。

这些问题虽然还没有答案，但考古学家坚信，如果太阳金字塔是一座陵墓，那么它必定隐藏着巨大的秘密。

拓展阅读

特奥蒂瓦坎，在印第安人纳瓦语中是"创造太阳神和月亮神的地方"。在印第安传说中，他们崇拜的第四代太阳不再发光了，为了使地球永见光明，诸神修筑了太阳和月亮金字塔，在两塔之间，熊熊烈火越烧越猛。

古巴比伦空中花园

空中花园是如何得名的呢

空中花园，又称悬园，公元前6世纪由新巴比伦王国的尼布甲尼撒二世在巴比伦城为他的患思乡病的王妃安美依迪丝修建的。

空中花园位于新巴比伦国王尼布甲尼撒二世的王宫旁边，据说是110多米高的假山，依附于两座城墙之间，假山层层，种植

花草树木，以人力引河水上山，既浇灌了草木，又制造了溪流和
瀑布奇景。

　　假山分为上、中、下3层，每层铺上浸透柏油的柳条垫，以防
渗水。为了防止万一，上面再铺两层砖头，还浇铸了一层铅。经过
这些措施以后，再在上面一层一层地培上肥沃的泥土，种植许多奇
花异草。这些花木远看好像长在空中，所以叫作"空中花园"。

　　空中种了花木，浇水是个大问题。于是，人们特意在山顶上
设计了机械的提灌设备，把几个水桶系在一个链带上与放在墙上
的一个轮子相连，轮子转动一周，水桶就跟着转动，完成提水和
倒水的整个过程，水再通过水槽流到花园中进行灌溉。

空中花园消失之谜

为什么埃及的金字塔、神庙、古墓能保留至今天，而同时期的空中花园却荡然无存了呢？这与建筑风格和建筑材料有关。巴比伦千里之内，无石可取，只有就地取材，使用土坯或土坯烧成的砖，土坯其内，砖包其外，大小建筑无一例外。

这样，即使砖墙无恙，坯墙也会软坍下来。在建筑物坍塌之后，当地居民就把空中花园上面的砖块挖走去建造住宅。就这样，砖块被一块块、一层层地挖下去，直至出水没法再挖为止。与此同时，空中花园城还遭到地下水的浸淫、盐碱的腐蚀、洪水的泛滥，从而使它难以长存人间。

另外，外族的多次入侵，也都给巴比伦城带来毁灭性的破坏。1901年，德国人以考古挖掘为名，用了18年，把阿什塔尔门搬走了，甚至把一条近百米长的沥青和砖块路面也挖走了。

如今我们只能在巴比伦的遗址上想象当年空中花园带给人们的美丽壮观。

拓展阅读

由于花园比宫墙还要高，给人感觉像是整个花园悬挂在空中，因此被称为空中花园，又叫"悬苑"。巴比伦的空中花园从来都不是吊于空中，这个名字的由来纯粹是因为人们错误翻译所致，才会让人们误认为空中花园是吊在空中的。

阿尔忒弥斯神庙

阿尔忒弥斯的传奇

阿尔忒弥斯是古希腊神话中的狩猎女神、月神，奥林匹斯主神之一，也被视为野兽的保护神。阿尔忒弥斯为主神宙斯与暗夜女神勒托之女，阿波罗的孪生姐姐，生于阿斯特里岛，在罗马神话中，她又被称为狄安娜。

相传，勒托在阿尔忒弥斯出生9天后又在阿尔忒弥斯的协助

下生下阿波罗。因此阿尔忒弥斯又被奉为生产、接生之神。阿耳忒弥斯掌管并照顾着女人分娩，保护少男少女，是一位贞洁的处女，人们对她崇拜有加。

阿尔忒弥斯曾被奉为植物的保护神，后又演变为丰产女神和生育的庇护者。其圣地多在象征着丰产和植物之神的泉水与池塘附近，她的奔放如同小亚细亚的众神之母基伯勒。

在以弗所神殿中，她被奉为多乳之神。她刚降生，就为其母接过随之降生的阿波罗。她还有使人猝死之术，或通过生育神埃勒提娅为产妇助产。

关于阿尔忒弥斯的早期传说与月神有关，她与塞勒涅近同，晚期神话则将她描述为爱恋美少年恩狄弥翁之月神。阿尔忒弥斯最初并不是月神。相传她向宙斯索要月亮一职，宙斯默许了，此

后她就与月神混同了。

阿尔忒弥斯如何掌管狩猎

在林莽和山野间，她手持弓箭，由众犬伴随，与众女神一起以狩猎为戏，有时乘坐两只鹿拉着的车子出行。阿尔忒弥斯勇猛剽悍，有时又十分残暴。她恪守自古已有之种种习俗，并要人们严格奉守。凡违背者，常以弓箭射杀。

卡吕冬王奥纽斯因为没有如既往地向她奉献新鲜果实，她盛怒不已，竟将凶恶的猎人驱赶进卡吕冬。她挑唆围猎者首领墨勒阿格尔与族人不和，致使大英雄墨勒阿格尔惨死。

远征特洛伊的希腊联军首领阿伽门农射杀她的圣鹿，并炫耀他的射箭技术比狩猎女神还要好。阿尔忒弥斯一气之下，令海风骤然停息，希腊联军的船只因而无法起航。

她执意要以阿伽门农之女伊菲格涅娅作为祭品，抵偿圣鹿，

并通过预言家予以转告。阿伽门农被迫依从，她又在祭坛上以鹿易人，瞒过众人，将伊菲格涅娅携至陶里斯，使其成为自己神庙中的女祭，专司索取贡物。

相传，赫拉克勒斯曾杀死克律涅亚金角鹿，被迫在阿尔忒弥斯与阿波罗面前辩护自己无罪。阿尔忒弥斯在克里特被视为兽类主宰，并以狩猎的宁芙女神布里托玛尔提斯为化身。她最古老的形象，不仅为一女猎者，甚至为一牝熊。

阿尔忒弥斯神庙是为谁建的

阿尔忒弥斯神庙建于公元前560年，是一座长方形白色大理石建筑，长125米，宽60米，高25米，占地面积6300多平方米。庙宇的回廊有137根圆柱，每根圆柱高约20米，底部直径为1.59米。柱石千姿百态，整个建筑看上去俨然是一个廊柱之林，给人一种庄

严、恬静、和谐的感觉。

　　大理石圆柱的柱身下部均有形态各异的人物浮雕，造型优美，形态逼真，栩栩如生。柱顶盘由一个带有3个盘座面的框木组成，盘座面上装饰着一排花边似的齿饰，在框木上面是刻有四轮战车的浮雕，细致精巧，精美异常。

　　但是，阿尔忒弥斯神殿并不是用来祭祀这位女神的，而是为祭祀一位安那托利亚古老的女神而修建的，而安那托利亚的女神被以弗所人比作心目中的阿尔忒弥斯，故神殿以阿尔忒弥斯的名字命名。

神庙是如何消失的

　　以弗所城里有个叫艾罗斯特拉特的人，一心要做出一件轰轰烈烈的事情使自己名扬天下。于是，在公元前356年亚历山大大帝出生的那天晚上，他潜入月亮女神庙，放火烧毁了这座驰名全球的建筑杰作。

千古名胜
大图解
qianguminasheng
d a t u t e

这个纵火犯被捕后，法官对其判处了极刑。法官为了不让他的图谋得逞，下令不许提及他的名字，否则也将被判死刑。2000多年过去了，艾罗斯特拉特这个名字还是被传了下来，不过，它已被当作"疯子"和"精神病患者"的同义词了。

被烧毁的月亮女神庙很快又被重建了起来。262年，哥特人入侵以弗斯，将月亮女神庙里的财宝劫掠一空，然后付之一炬，把它彻底摧毁了。作为"世界七大奇迹"之一的以弗所阿尔忒弥斯阿苔密斯月亮女神庙，就这样永远地从人们的视线里消失了。

在漫长的岁月中，阿尔忒弥斯神庙屡遭洗劫，变得满目疮痍。然而，人们从现在残存的建筑物地基和石柱遗迹中，依然可以想象出它当年的雄姿。

拓展阅读

阿尔忒弥斯神殿是古希腊最大的神殿之一，其规模超过了雅典卫城的帕台农神庙，也是最早的完全用大理石兴建的建筑之一。它以建筑风格的壮丽辉煌和规模巨大而跻身于"古代世界七大奇迹"之列。它还一度享有对逃亡者的庇护权，其地位之显赫，由此可见一斑。

035

神秘的叙利亚古城

古埃伯拉王国古都

1958年，一个叙利亚农民在沙漠中偶然挖掘到一个用灰色玄武岩雕成的狮子和一个刻有图案的盆子，当时人们对这一发现没有给予足够的重视。

直至1964年9月13日，意大利考古学家马蒂埃带领一支考古

队来叙利亚考察，发掘工作正式开始。不久，一块玄武石雕刻成
的无头男人像被发掘了出来，雕像的两肩之间，刻有阿卡德楔形
文字。

有些专家将这些文字译成了现代文："埃伯拉国王伊贝
特·利姆，把这尊雕像贡奉给阿斯特尔神殿。"这行字迹令马蒂
埃激动万分，挖掘出的各种文物表明，他们找到了古埃伯拉王国
古都的遗址。

轰动世界的泥版文书

考古队先是在古都的一个房间内发现了大约15000块泥版文书，随后，又在另外两个房间里找到了大约16000块泥版文书。

数量多得惊人的泥版文书让马蒂埃目瞪口呆，这样大量的泥版文书的发现是史无前例的，它轰动了世界，因为一个早已消亡并沉睡几千年的文明古国的奥秘将可能由此揭开。

泥版文书上写有上千个人名，5000多个地名，其中提到较多的是启什和阿达卜。有一块泥版文书上写有260座古代城市的名

字，这些城市都是历史学家闻所未闻的，另一块泥版文书上写有70种动物的名称。

一些泥版文书上还写有很多指令、税款和纺织品贸易的账目以及买卖契约，由此可以推断，当时埃勃拉王国的工商业相当发达。

泥版文书中蕴含的秘密

由于泥版文书的内容被认读，一个文明古国的秘密逐渐展示在现代世界面前。从大量泥版文书中可知，在公元前3000年前后的一段时间里，埃伯拉曾是中东最强大的国家，它是以一个城市

为中心，联合附近一些村庄和城镇而形成的，故被学者称为"城邦国家"。

公元前2300年前后，埃伯拉王国达到顶峰，成为拥有近30万人口的大国，仅在中心城市里便居住着约3万多人。为了继续扩张自己的势力范围，控制幼发拉底河流域，埃伯拉频繁地发动战争，侵占邻近的城市。

有一块泥版文书上列举了260座古代城市的名字，有些学者猜测，这260座城市可能曾被埃伯拉的军队征服过。其中有个叫马利的城邦国家，泥版文书中有500多处提到它，明确地记载了它是如何在埃伯拉强大的军队面前被征服的。

然而，在这以后的数十年间，埃伯拉却在与另一大强国阿卡

德的战争中两次败北，埃伯拉城先是被掠夺一空，继而被彻底烧
毁。此后埃伯拉虽几经兴衰，却再也没能恢复往日的强盛，直至
大约公元前1600年左右便在历史上消失了。

拓 展 阅 读

被誉为"沙漠新娘"的叙利亚古城台德穆
尔，位于首都大马士革东北210千米的茫茫沙
漠中。远眺这一大片绿洲，椰枣树摇曳，石
柱、残垣掩映其中，四五千年前的阿拉米人称
其为"台德穆尔图"，意为"奇迹"。其独特
的魅力令人难以忘怀。

神秘的马丘比丘城

神秘山丘的来历

1911年7月，美国的探险家海希兰·穆宾汉姆率领耶鲁大学考察队准备考察印加帝国的一个秘密要塞，在考察过程中，发现了马丘比丘这座"空中城市"。

　由于无法得知它的原始名字，考古学家便借用了这个遗迹附近的一座山名，称其为"马丘比丘"。

　其海拔约2300多米，两侧都有高约600多米的悬崖，峭壁下则是日夜奔流的乌鲁班巴河。

　马丘比丘在1983年，被联合国教科文组织定为世界遗产，是世界上为数不多的文化与自然双重遗产之一。

马丘比丘用途探究

　多年来，考古学家对这个神奇的古城产生了众多猜想。

　最有说服力的是祭奠神灵。太阳神是印加人最重要的神灵，选择这样高的位置，为的是和太阳更近一些。

　现代考古学者推断，马丘比丘并不是普通的城市，而是一个举行各种宗教祭祀典礼的活动中心。

　考古学家在城中发现的头骨中，绝大多数是女人的，他们推

断这些都是为了敬献给太阳神的祭品。

马丘比丘城建筑疑云

马丘比丘城的建筑全用巨石建成，见不到灰浆的痕迹，在那个时代，达到如此技艺水平还是一个谜。更重要的是那些巨石，是从哪里，用什么方法搬来的呢？

秘鲁科学家认为，印加人并没有在悬崖峭壁上搬运巨石，而是在山巅就地取材。他们在选定的山巅就地采集岩石制作砌块，在山顶开出了一片9万平方米的开阔平地垒筑古城。然后，把剩余的石块、碎砾全部扔下了山崖，在山巅留下了这座奇迹般的古城。

关于印加古城的疑惑和猜想还有很多，例如他们为什么会消

失？遗留的100多具头骨和随后发现的木乃伊会给我们展示一个什么样的古文明？马丘比丘充满了无穷的吸引力，等待人们去探索。

拓 展 阅 读

有学者认为马丘比丘是"太阳圣女之城"，因为这个城市居民中，妇女比男人多两倍。学者们猜想这些女性因为容貌艳丽，被选为太阳圣女，从全国集中到这儿，过着隐居生活。

巨石神庙是谁建造的

比金字塔还古老的神庙

马耳他共和国的马耳他岛和戈佐岛上有几十处神秘的史前巨石神庙，有"地中海心脏"之称，面积为316平方千米，是闻名世界的旅游胜地，被誉为"欧洲的乡村"。

戈佐岛为马耳他群岛的第二大岛。主要城镇维多利亚在该岛中部，巨石神庙废墟位于城东。建于5500年以前的马耳他巨石

庙，是世界上时间最长的不需要支撑的石头结构。存在于这里的
史前石头结构，远比埃及的金字塔要古老得多。

在马耳他群岛的岛屿上，以及在马耳他和戈佐岛屿上，都可
以看见巨大的岩石结构，这些岩石结构堪称巨石文化中最为复
杂，结构最为奇特的古代岩石建筑。该建筑属于纯粹的土著文
化，迄今为止，它们没有被发现掺杂一点外部文化。

不可思议的建筑

在马耳他共和国的这些巨石建筑中，最先引起人们注意的是

戈佐岛上的杰刚梯亚神庙。这座神庙经考证是建于公元前2500年前，当地人称之为"巨人的杰作"。它面向东南，背朝西北，是用硬质的珊瑚石灰岩巨石建成的。

这座神庙正面高达8米以上，用紧密衔接的石灰石板拼成，被称为世界建筑史上最早运用拼接技巧建成的杰作。神殿内部使用的是软质石灰岩，有多处精美的装饰，神殿最早只有南庙后部的3个穹顶，后来又增建了两个小穹顶。

最令人难以理解的是，神殿外墙最后部分所用的石材竟然高达6米。在人类还没有发明任何机械的史前时代，这样巨大的石块是怎样运送到工地的，至今还无人能够回答。

坐落在马耳他岛屿上的哈格尔吉姆神庙也是用巨石建成，是当时建筑技术的极品，也是最复杂的巨石遗迹之一。

考古人员发现，这里很多石头的位置都是精心安排的，似乎有着令人难以理解的宗教意义。其中一块长达660米用作铺路石的大石板，是马耳他群岛所有的神庙中最为巨大，也最令人瞩目的超巨型石块。

在这座巨石神庙中，人们可以看到，在通往神殿门洞内的两侧，有一些用巨大的石块做成的石桌，这些石桌到底是祭台还是柱基，至今仍未定论。

在这座神庙中，考古学家还发现了多尊母神的小石像，有人

据此估计这座神庙与当时的母神崇拜有关。

神庙的未解之谜

由于年代久远，塔尔申神庙只有较低的外围墙和地基还基本保持完整。但通过艰难细致的考证，考古学家们终于把这座约建造于5000年前的庙宇的原貌重新拼砌出来。

通过反复考证，考古学家认为，塔尔申神庙的顶盖似乎是用横梁加树枝再覆以黏土或者石灰石建造而成的。神庙的大厅前有个前院通往庙内，神庙厚厚的外墙嵌有石灰石板。

研究人员发现，石墙上的石头与石头之间没有灰浆黏合，墙顶上砌有石砖及其楣石。

　　那么，马耳他岛上的这些巨石神庙到底是由什么人建造？又是如何建造的呢？它们建造的目的和用途又是什么？这些疑问还有待进一步的调查考证。

拓 展 阅 读

　　马耳他群岛上已发现了30座神殿。除杰刚梯亚神殿外，还有5座神殿于1992年被收入为世界文化遗产。其中的哈格尔基姆神殿，坐落在马耳他群岛南部的克雷蒂，建筑年代晚于杰刚梯亚神殿，因而技术更先进，巨石之间吻合得天衣无缝，令人叹为观止。

墨西哥奇琴伊察古城

古人真的将活人献祭吗

奇琴伊察是古玛雅城市遗址，位于墨西哥尤卡坦州南部。南北长约3000米，东西宽约2000米，有建筑物数百座，是古玛雅文化和托尔特克文化的遗址。奇琴意为井口，天然井为建城的基础。

尤卡坦半岛没有多少河流，因此，奇琴伊察当地3个终年提供充足水源的溶井让它成为天然的人口聚集中心。其中一个就是具

有传奇色彩的"献祭之井"。

　　信奉雨神恰克的玛雅人把这个井视为圣地，并定期将玉、陶器和熏香等祭品投入圣井中作为对恰克的献祭，在大旱的时候偶尔还会使用活人献祭。

　　然而，某些人讲述了一些关于"献祭之井"的可怕故事：大量美丽年轻的少女被定期作为祭品抛入井中，还有人称被抛入的是少男而并非少女。但这些在古代文献或对溶井的考古打捞中都没有得到证实。圣井很久以来就是尤卡坦地区的朝圣地。

奇琴伊察文明的独特性

　　987年，托尔特克族占据了这座城市，并将其作为了他们的首都，玛雅文明因此受到了冲击。在11世纪至12世纪期间，托尔特克族人建筑了非凡的石殿、柱廊和府第，把玛雅文明和托尔特克文明交织在一起，使奇琴伊察城市的发展达到鼎盛。

大约在1224年，奇琴伊察的玛雅勇士赶跑了托尔特克人，重新占据了该城。但不久后该地区就被遗弃了。

1531年，西班牙的征服者弗朗西斯科·德·蒙泰乔宣布对奇琴伊察拥有主权并打算将其作为西班牙尤卡坦的首都，但几个月后当地玛雅人的起义把蒙泰乔逐出了该地。

现在，人们所见到的奇琴伊察的大片遗迹，既不全属于玛雅风格，也不是完全的托尔特克风格，而是融合了两种文化思维模式的错综复杂的混合体。

谁建造的羽蛇金字塔

玛雅人最崇拜的是羽蛇神和雨神，耸立在奇琴伊察城中心的一座显要的建筑物就是"羽蛇神"金字塔。所以，奇琴伊察也被玛雅文学家称为羽蛇城。

羽蛇金字塔的设计颇为奇特：台阶和阶梯平台的数目分别代表

了一年的天数和月数，52块有雕刻图案的石板象征着玛雅日历中52
年为一轮回年。

　　建筑物在春秋两季伊始日落时分，其边墙受阳光照射，光照
部分在上面形成一系列的等腰三角形，随着光照角度的变化，这
些等腰三角形逐渐由笔直变为波浪形，宛如巨蟒从塔顶向大地游
动。如此设计象征着苏醒的羽蛇神正爬出庙宇，这么奇特的庙宇
是谁建造的呢？

拓 展 阅 读

　　墨西哥帕伦克金字塔遗址：1746年，一名
西班牙神父走进墨西哥恰帕斯州的密林。在密
林深处，一座古代都市废墟突然出现在神父的
眼前。被茂密的树木遮掩的这处玛雅遗迹，最
终被命名为帕伦克。

意大利的比萨斜塔

比萨斜塔的建造历史

1173年8月9日，比萨斜塔开始建造设计。原设计为8层，高将被设计成54.8米，它独特的白色闪光的中世纪风格建筑物，即使后来没有倾斜，也将会是欧洲最值得关注的钟楼之一。

1178年，当钟楼兴建到第4层时人们发现，由于地基不均匀和土层松软，导致钟楼已经倾斜偏向东南方，工程因此暂停。

1198年，钟楼内撞钟的存在被人们记载了下来，这标志着钟楼虽然倾斜，但至少悬挂了一个撞钟，实现了它作为钟楼的初衷。

1231年，建造工程继续，第一次有记载钟楼使用了大理石。建造者采取各种措施修正倾斜，刻意将钟楼上层搭建成反方向的倾斜，以便补偿已经发生的重心偏离。

1278年，进展到第7层的时候，塔身不再呈直线，而是为凹形。工程再次暂停。

1360年，在停滞了差不多一个世纪后，钟楼向完工进行最后一个冲刺，并做了最后一次重要的修正。

1372年，摆放钟的顶层完工。54米高的8层钟楼共有7口钟，但是由于钟楼时刻都有倒塌的危险而没有撞响过，而且钟楼在一直不断地向下倾斜。

斜塔一开始就是斜的吗

通过对历史档案的研究，一些事实逐渐浮出水面。比萨斜塔在最初的设计中本应是垂直的建筑，但是在斜塔的建造初期就开

始偏离了正确位置。

比萨斜塔之所以会倾斜，是由于它地基下面土层的特殊性造成的。

比萨斜塔下面有好几层不同的土层是由各种软质粉土的沉淀物和非常软的黏土相间形成，而在深约一米的地方则是地下水层。这个结论是后来在对地基土层成分进行探测后得出的。最新

的挖掘迹象表明，比萨斜塔建造在了古代海岸边缘，因此，土质在建造时便已经沙化和下沉。

根据现有的文字记载，比萨斜塔在几个世纪以来的倾斜是缓慢的，它和它地基下方的土层实际上是达到了某种程度上的平衡。在建造的第一阶段第三层结束时，就已经开始倾斜了，但由于倾斜角度不大，因此人们也没有对斜塔进行刻意的维修。

比萨斜塔屹立不倒之谜

专家认为，一个立着的物体，当那条从它重心引下来的垂线没有越过它的底面的时候是不会倒下的，也就是说，它能够保持平衡。因此，超过底面的斜圆柱体无疑是要倒下去的，但是，假如它的底面很宽，从它的重心引下来的垂线能够在它底面中间位置通过的话，那么这个圆柱体就不会倒下了。

当然，意大利政府对比萨斜塔塔体的修正，以及对斜塔地基

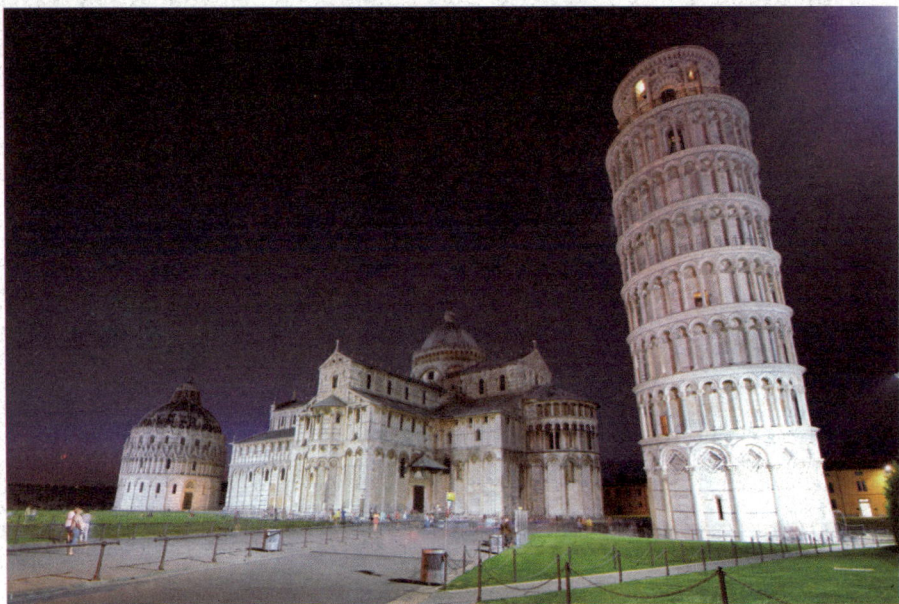

的巩固也起到了很大的作用。因此，比萨斜塔成为世上著名的
"斜而不倒"的塔之一。

拓 展 阅 读

荷兰老教堂斜塔：老教堂斜塔是一座哥特
式教堂的钟楼，位于荷兰代尔夫特的中心。斜
塔为砖砌而成，塔高74.676米，塔尖倾斜1.98
米。斜塔建于1246年，作为圣巴塞缪斯大教堂
的钟楼，塔内有重达9吨的古钟。由于钟楼是
在运河河床附近建设，从而导致其倾斜。

婆罗浮屠佛塔

婆罗浮屠佛塔为何被遗弃

　　印度尼西亚的婆罗浮屠佛塔（即婆罗浮屠塔）建于8世纪，建造过程估计历时75年，于835年竣工，素有"印尼金字塔"之称。

　　8世纪前的爪哇，强盛的夏连特王朝的统治者皈依大乘佛教。他们使用当时最先进的技术，建造了这座设计精良的石头佛塔。

　　婆罗浮屠塔意思是"山丘上的寺院"，佛塔由附近河流中的安山岩和玄武岩砌成的，建筑采用大乘和密宗教义的结合形式，整个建筑物犹如一个巨大的坛场。然而，这个杰作寿命却异常短暂。这个在爪哇中部还建有其他杰作的夏连特王朝却在10世纪废弃了这座佛塔，任其悄然崩塌，被丛林蚕食。

　　为什么婆罗浮屠塔被遗弃了呢？始终是一个未解之谜。不过有一种说法是：1006年，发生在此地的默拉皮火山喷发和地震，使这个著名的建筑荒废了800多年。

浮屠的浮沉命运

　　1814年，当地副总督赖菲尔斯听说爪哇中部一座小丘上满布石刻佛像，便派遣英军工程师科尼利厄斯前往寻找。

　　科尼利厄斯来到那座毫不起眼的小山丘上，只看到灌木丛和

怪石，不禁满腹狐疑，但他还是遵照副总督的命令，吩咐手下动手发掘。他们在酷热的丛林中艰苦发掘了两个月，连根拔掉数以吨计的树木，运走一车又一车泥土，依旧一无所获。后来，有个工人发现了一尊雕工精细的石刻佛像，于是众人精神大振，继续努力，终于掘出一座浮屠，远比传说中的雄伟壮丽，令人叹为观止。

　　1960年，印度尼西亚政府呼吁国际社会支持佛塔的大修。1973年联合国教科文组织和印度尼西亚政府通过一项修复计划，并于1975年至1982年实施了一次彻底的修复工程。

　　此次修复加固了地基，清理了1460片石板，分解并重新组装了塔身的5层方台，并通过埋设管道改进排水系统。修复工程还加设了防渗透层和过滤层。

　　这项庞大的工程雇佣了大约600人，总共花费690万美元。竣工之后，联合国教科文组织将婆罗浮屠佛塔列入世界文化遗产之一。

拓展阅读

　　婆罗浮屠塔与我国的长城、埃及的金字塔和柬埔寨的吴哥窟并称为"古代东方四大奇迹"。1885年，人们在塔基的下面发现了一个隐藏的部分，这部分隐藏的塔基里刻有浮雕，其中的160幅描绘了真实的欲界。

英国古城堡伦敦塔

伦敦塔的历史

伦敦塔是由威廉一世为镇压当地人和保卫伦敦城，于1087年开始动工兴建的，历时20年才完成。

13世纪时，后人在其外围增建了13座塔楼，形成一圈环拱的卫城，塔里面有天文台、监狱、教堂、刑场、动物园和小码头等小建筑。

伦敦塔最重要、最古老的建筑是位于要塞中心的诺曼底塔楼，它是整个建筑群的主体，因其是用乳白色的石块建成，史称白塔。白塔系主人居住与守备部队进驻之所，在某种程度上象征着征服者威廉一世日益巩固和扩大的权力。

伦敦塔在英国王宫中的意义非常重大，作为一个防卫森严的堡垒和宫殿，英国数代国王都在此居住。国王加冕前住伦敦塔便成了一种惯例。

伦敦塔还是一座著名的监狱。英国历史上不少王公贵族和政界名人都曾被关押在这里。

后来这里成为宫廷阴谋和王室斗争的地方。英王爱德华四世的两个幼子、爱德华四世之前的国王及堂兄与弟弟、亨利八世的两个王后，先后被囚禁在这里并被处死。在一段时间里，伦敦塔

成为令人毛骨悚然的"死狱"。

塔内闹鬼之谜

伦敦塔这座古堡弥漫着浓重的血腥气，长久以来，一直有传闻说这里是鬼魂出没的地方。

伦敦塔内最有名的鬼魂，也是塔内第一个显赫的受难者：亨

利八世的第二位妻子安妮·博林。她由于被控犯有叛国罪和通奸的罪名，1536年5月19日，她在塔内被斩首。

　　临死前，她的丈夫英王亨利八世满足了她最后的一个愿望，即用剑而不是斧头行刑，为此亨利八世专门从法国加莱物色了剑客充当刽子手。在她死后不久，就有人声称看到她的鬼魂穿着白

袍在塔内和回廊上游荡。

另一个有名的鬼魂是马格利特女伯爵。1541年5月28日，年近七旬的老公主被押上了刑场，但她秉性刚烈，决不肯跪伏在断头台上，不仅如此，刽子手刚刚向她走来，她竟然撒腿就跑，但很快被刽子手一顿乱砍，顷刻殒命。于是每年的5月28日，塔内的看守都说可以听到垂死女伯爵痛苦的呻吟声。

许多个夜晚，塔内的守卫报告曾在城堡西南方的"血塔"附近，看到过两个身着睡衣的小孩子的身影，更为奇怪的是他们还手牵着手。这正好印证了500年前的一宗命案：1483年英王爱德华四世去世后，他的两个儿子被送到塔里等待继承王位。

可是最后他们却在塔内神秘失踪，而他们的舅舅理查成了英

国国王。直至1674年，工人在整修塔内阶梯时从石缝中发现两具小孩的遗骸，几乎可以确定正是当年失踪的两位小王子。

塔里真的有鬼吗

英国的科学家们不肯承认真的有鬼魂，2003年，赫特福德郡大学的学者们携带最先进的物理电磁感应仪器对伦敦塔内诸多鬼魂频繁出没的地区进行了调查。

虽然调查并没有真的捉到鬼魂的踪迹，但也发现了不少有价值的证据。首先，塔内某些地点磁场异常强烈，另外某些地点建筑格局造成了气流通过时速度较高，而且会发出空气有如在穴中的啸叫的声音，此外，光线的昏暗客观上可能对游客会产生心理暗示的作用。

于是科学家们得出结论：闹鬼事件都是环境造成的。所谓鬼魂不过是人们大脑对现象的解读，鬼魂现象应该说是磁场、寒冷的气流、昏暗或变幻的光线等造成的。

大多数学者倾向于这种解释，虽然鬼魂的目击报告不断，但还从未有人拿出过鬼魂的影像资料作为证据。

伦敦塔内的鬼魂究竟是真是假？也许，伦敦塔这座高耸的古

堡中封存的不仅仅是英国古老的王族历史，还有科学家们至今也没能洞察的谜题。

拓 展 阅 读

伦敦塔的历史已近千年，它的作用却在不断变化：城堡、王宫、宝库、火药库、铸币厂、监狱、动物园，直至现在伦敦观光区。伦敦塔是宝藏丰富的博物馆和最富魅力的古建筑旅游景点之一，更是英国人心中的"故宫"，也具有典型的历史文化价值，1988年被列为世界文化遗产。

法国瑰宝卢浮宫

卢浮宫的历史

卢浮宫始建于1204年，历经800多年的扩建和重修才达到今天的规模。它的整体建筑呈"U"形，位于法国巴黎市中心的塞纳河北岸，是法国历史最悠久的王宫，这里曾经住过50位法国国王和王后。

卢浮宫内用来展示珍品的数百个宽敞的大厅富丽堂皇，大厅

的四壁及顶部都有精美的壁画及精致的浮雕，令人叹为观止。卢浮宫艺术馆中的古希腊与古罗马艺术馆建成的时间最早，大约在1800年开始对外开放，而且藏品最多，以法国王室的收藏品为基础，大约有7000多件。

如今，博物馆收藏目录上记载的艺术品数量已达40多万件，分为许多的门类和品种，有古代埃及、希腊、埃特鲁里亚、罗马的艺术品，以及东方各国的艺术品，还有数量惊人的王室珍玩及绘画精品等。

断臂维纳斯之谜

"断臂的维纳斯"是卢浮宫三宝之一，维纳斯雕像原本有没有手臂？雕像上的手臂去哪了？这成为人们一直以来争议的话题。

直至有人发现19世纪法国舰长杜蒙·居维尔的回忆录，才解开了维纳斯为什么是断臂这个100多年来的谜。

维纳斯是希腊米洛农民伊奥尔科斯1820年春天刨地时掘获的。出土时维纳斯右臂下垂，手抚衣襟，左上臂伸过头，握着一个苹果。

当时法国驻米洛领事路易斯·布勒斯特得知此事后，赶往伊奥尔科斯住处，表示要以高价收买此塑像，并获得应允。

但由于手头没有足够的现金，只好派居维尔连夜赶往君士坦丁堡报告法国大使。

大使听完汇报后，立即命令秘书带了一笔巨款随居维尔连夜前往

米洛洽购女神像。谁知农民伊奥尔科斯此时已将神像卖给了一位希腊商人，而且已经装船外运，居维尔当即决定以武力抢夺。

英国得知这一消息之后，也派舰艇赶来争夺，双方展开了一场激烈的战斗，混战中雕塑的双臂不幸被砸断。从此，维纳斯就成了一位断臂女神。

拓展阅读

据统计，目前卢浮宫宫殿共收藏有40多万件来自世界各国的艺术珍品。法国人将这些艺术珍品根据其来源地和种类分别在6座大展馆中展出，即东方艺术馆、古希腊及古罗马艺术馆、古埃及艺术馆、珍宝馆、绘画馆和雕塑馆。其中绘画馆展品最多，占地面积最大。

闹鬼的凡尔赛宫

凡尔赛宫的历史

凡尔赛宫建于路易十四时代，1661年动土，1689年竣工。位于法国巴黎西南郊外伊夫林省省会凡尔赛镇，作为法兰西宫廷长达107年之久。1979年，被列入《世界文化遗产名录》。

历史上一度曾是法国政治、文化中心的凡尔赛在大革命后变得

默默无闻了，至19世纪下半叶，它又成为全世界瞩目的政治中心。

　　1870年，普鲁士军队占领凡尔赛，第二年德皇在此举行加冕典礼。同年，梯也尔政府盘踞在凡尔赛宫，策划了镇压巴黎公社的血腥计划。此外，1873年，美国独立战争后，英美在此签订了《巴黎和约》。1919年6月28日，在镜廊里法国及英美等国同德国签订了《凡尔赛和约》，第一次世界大战宣告结束。

　　今日的凡尔赛宫已是举世闻名的游览胜地，世界各地游人络绎不绝，参观人数每年达200多万，仅次于巴黎市中心的埃菲尔铁塔。

　　凡尔赛宫的南北宫和正宫底层自路易·菲利浦起改为博物馆，收藏着大量珍贵的肖像画、雕塑、巨幅历史画以及其他艺术珍品。1937年，凡尔赛宫作为历史博物馆对公众开放。

离奇偶遇18世纪王后

　　1901年夏天，英国教师莫伯利和乔丹来到巴黎旅游。作为旅行的一部分，莫伯利和乔丹决定前去参观凡尔赛宫。途中，她俩经过了大特里亚农宫，发现大特里亚农宫已对公众关闭。她们进入了地图上没有标注过的小道，莫伯利看见一个妇女在窗边挥舞着一条白色的小布巾，乔丹则看到了一座荒弃已久的农舍。

　　渐渐地，两人感到有些莫名的担忧，就加速前行。不一会儿，她们碰到了宫廷园丁，园丁告诉她们笔直走就行。走着走着，乔丹看到了一幢小别墅，门口站着一个妇女和一个女孩，她们身着18世纪的服装，妇女正递水壶给女孩。

　　但令人吃惊的是眼前的这两个人竟然是静止不动的。乔丹后来回忆道："她们就像杜莎夫人蜡像馆里的蜡像一般。"莫伯利没有注意到小别墅，但发现气氛有点不对头，"每样东西

看起来都不正常，使人感到恐惧。"

在前行的路上，她们又遇到了一个举止优雅的男士，这位男士告诉了她们通往小特里亚农宫的道路。穿过一座小桥后，她们到达了宫殿前的花园。莫伯利看见了正在草地上画素描的、18世纪末法国国王路易十六的王后玛丽·安托瓦内特。

莫伯利说，安托瓦内特王后看着她们，使她们不得不走。随后，莫伯利和乔丹进入了小特里亚农宫，不知怎么回事，一切忽然又恢复了正常，她们碰到了其他一些旅行者。

离开巴黎后，莫伯利和乔丹在一周内都未提起过这件怪事。直至心态平静下来，莫伯利问乔丹是否也觉得小特里亚农宫附近闹鬼，乔丹回答有同样的感觉。两人对比了各自的回忆，决定分开写出当天的所见所闻，结果如同一辙。

后来，莫伯利和乔丹又多次参观凡尔赛宫，但都没有找到她

们曾经走过的那条小道，她们经过的那些小别墅、亭子和小桥都突然消失了。她俩起初觉得会不会是有人在组织化妆聚会，但是查遍了当天所有的凡尔赛宫登记都没有发现搞过此类活动。

凡尔赛宫真的有鬼吗

很多年，西方各国研究人员数十次调查这两位英国教师的背景，她们既没有撒谎的前科，而且还是令人尊敬的人物，不可能编造故事，在她们身上一定发生过什么事情，只是对"莫伯利·乔丹事件"却始终无法给出合理的解释。

1912年，一本18世纪的凡尔赛宫地图被发现，上面清楚地标注了莫伯利和乔丹所走过的小桥的方位，这条小桥从未在任何旅行指南上出现过。一些学者开始相信在莫伯利和乔丹身上发生过

某些奇怪的事情。莫伯利和乔丹后来都于1937年去世，她们在凡尔赛宫的经历成了20世纪的未解之谜。

拓展阅读

　　凡尔赛宫确实存在着一些建筑方面的问题，由于追求宏大奢华使得居住功能极不方便。宫中没有一处厕所或盥洗设备，连王太子都不得不在卧室的壁炉内方便。

中国的万里长城

长城的两端在哪里

中国的长城是世界上最长的人工建筑，为世界"七大奇迹"之一。长城修筑的历史可上溯至西周时期，周王朝为了防御北方游牧民族的袭击，筑城堡以防御他们。春秋战国时期列国诸侯争霸，各诸侯国根据各自的防御需要，在自己的边境上修筑起长城。

　　我国的长城号称万里，实是当之无愧，并无疑义，但长城的两端到底在什么地方却有着不同的说法。因为长城的修筑前后历经2000多年，很多长城并不是绵延不绝连在一起，而且早期修筑的城墙颇多损坏，以致对长城两端所在地的认识出现了不同的意见。

　　第一种说法：据《史记·蒙恬列传》记载，长城的两端是临洮和辽东。可惜的是经过时间的侵蚀，很难再看到西起临洮的这一段长城是否存在过。

　　有关专家曾在这里找到了很多秦代遗物，不过这一带本来就是秦朝活动区域，找到一些秦遗物并不能说明问题。

　　第二种说法：万里长城东端到辽东，西端为现在新疆罗布泊地区，此种说法是基于汉代所修筑的长城之上的。汉武帝时国力空前强盛，于是汉王朝不再唯唯诺诺，而是主动出击。

　　经过一系列战争，打通了甘肃经河西走廊到新疆罗布泊的交

通要道，还曾4次大规模修筑长城。

第三种说法：长城分别是东至山海关，西至甘肃的嘉峪关。这两座雄关修建得气势磅礴，至今保存完好，又经过多次修复，一东一西相互对峙，所以被认为是万里长城的两端。

万里长城的两端到底在什么地方，以什么时候的修建为标准

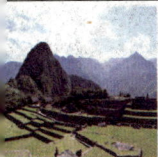

来定，众说纷纭，至今尚无定论。

长城千年不倒之谜

长城整个布局有主干，有分支，沿线设立许多障、堡、敌台、烽火台等不同等级、不同形式和不同功能的建筑物，构成了一个完整的防御体系。

　　城墙是联系雄关、隘口、敌台等的纽带，墙身是防御敌人的主体，墙基平均宽约6.5米，顶部宽5.8米，断面上小下大成梯形，使墙体稳定不易倒塌。墙身由外檐墙和内檐墙构成，内填泥土碎石。

　　外檐墙是指外皮墙向城外的一面。构筑时有明显的收分，收分一般为墙高125%。墙身的收分，能增加墙体下部的宽度，增强墙身的稳定度，加强它的防御性能，而且使外墙雄伟壮观。

　　内檐墙是指外皮墙城内的一面，构筑时一般没有明显的收分，构筑成垂直的墙体。

　　关于外檐墙的厚度，一般是以垛口处的墙体厚度为准，这里的厚度一般为一砖半宽，根据收分的比例，越往下越厚。砖的砌

筑方法以扁砌为主。

因此，长城能够历经千年的风霜雨打，依然屹立不倒。

拓 展 阅 读

长城是中国古代劳动人民创造的伟大的奇迹，是我国悠久历史的见证。长城于1987年12月被列入"世界文化遗产"。由于时代久远，早期各个时代的长城大多残缺不全，现在保存比较完整的是明代修建的长城。所以人们一般谈的长城，主要指的是明长城。

疑云重重的秦始皇陵

　　秦始皇是我国古代的第一位封建皇帝，是一位对后世影响很深的历史人物。他自13岁即位起就开始为自己在骊山修建陵墓，统一六国后，又从各地征集了70多万人继续修建，直至他50岁死去，共修建了37年。

　　考古学家们对秦始皇陵做了多次大规模的考古发掘和调查，但整个秦始皇陵依然充满了秘密。深埋地下的秦始皇陵保持得怎

请勿入内

么样？它真的早在秦朝灭亡之时就遭逢浩劫，被项羽焚毁了吗？秦始皇陵墓里的刀剑是当时的工匠铸造的吗？

青铜刀剑是当时的工匠铸造的吗

在秦始皇陵的兵马俑坑里面发现的兵器达到10万多件，兵器的种类如戈、矛、剑等居多，这些基本上都是由青铜铸造成型，然后加以细加工形成的。

秦俑坑出土的青铜剑非常锋利，它的刃部是经过打磨抛光的，打磨的痕迹纹是一条一条平行的，没有交错，打磨痕都是平的，如果用手来打磨的话一定有错纹。很多专家得出一个结论，在打磨的时候借助了一定的机械。使用了简单的车床，这是金属加工史上一个非常重要的问题。

兵马俑里有大量三棱型的箭头，而且，任意两个箭头的三棱的三边等长最大的误差为0.55毫米，最小的误差为0.02毫米，这

样的精细程度令人惊叹。另外秦俑坑出土的很多青铜铍和短剑一样，上面有花纹，这个花纹不是刻上去的，是和金属融在一起的，呈云头状或者火焰状，这是什么工艺，至今还没有得到普遍认可的结论。

还有青铜剑埋在地下2000多年为什么没有生锈，拿起来还闪闪发光？专家也做了各种各样的测试，直至现在也没有得出令人信服的结论。秦俑在科学技术上有很多谜团值得进一步的探讨。

兵马俑是秦始皇的陪葬吗

兵马俑一直被认定是秦始皇陵的陪葬，几乎成为一种公论。但近些年来，有学者却对这一公论提出了质疑，认为兵马俑的主人根本不是秦始皇。那么兵马俑的主人到底是不是秦始皇呢？如果不是秦始皇又是谁呢？

秦始皇陵的内城、外城及封土等都是死后的工程。而且，骊

山上洪水严重，几乎每隔3年就会下一场暴雨，开挖的地宫也不可能不顾积水而在秦始皇死前的几十年前就开始预修。

历史上，秦始皇曾经下令将陵墓向外扩展"300丈"，但秦时的"300丈"只有690米，所以在秦始皇陵封土之东近2000米的兵马俑，不可能被包括在这一个"300丈"的界址之中，因而也不可能成为秦始皇陵的一个组成部分。

既然秦始皇陵不在骊山，那么位于骊山脚下的兵马俑又是谁的呢？有专家认为兵马俑其实是秦始皇的高祖母秦宣太后的。根据史料记载，秦宣太后陵墓就在秦始皇陵的东侧偏南，距骊山山脚约1000米处的西杨村、下和村一带，也就是人们现在所熟知的秦俑坑附近。

此外，在兵马俑的身上也发现了一些奇怪之处：一些兵俑的头顶，梳有苗裔楚人特有的偏于一侧的歪髻；秦俑所着衣服，非常鲜艳，与秦王朝的尚黑制度，有显著差别。如果兵马俑真是秦宣太后的陪葬，那么哪里是宣太后的陵墓呢？此外秦始皇的陵墓

究竟在哪呢？对秦始皇陵和兵马俑的研究还在深入探讨。

秦始皇地宫被焚毁了吗

许多史籍中都记载，秦末农民起义摧毁秦帝国后，西楚霸王项羽占据了秦都。他命人掘开了秦始皇的陵墓，盗运陵中的财宝。他调集了30万人从地宫中向外运了30天也没运完。当时，寻找羊只的牧羊人用火点燃了皇陵地宫，秦始皇陵在熊熊的大火中毁于一旦。

这种说法历来为史学家所接受。可是，在经历了2000多年的风风雨雨之后，在20世纪70年代，随着震惊世界的古代军阵秦兵马俑出土问世，接着又是令世人为之叹服的精美铜马车回到人间，这一连串重大的考古发现，引起了历史学家和考古工作者的怀疑：秦始皇陵真的被毁掉了吗？

一些科学家利用汞量技术测出了秦始皇陵地宫位置的中心的汞含量，超过正常土层含汞量的280倍。而有这种现象的土层分布面积达12000多平方米。

科学家们认定：这种汞含量异常的现象是人工灌注水银，造成水银蒸发，经过漫长的岁月积聚的结果。而在《史记》中确实记录了秦始皇墓中"以水银为百川江河大海"的情况，这和现在的发现正好吻合。

据此，史学家们推测：如果当年项羽真的烧了秦始皇陵的地下宫殿，那么，汞早就挥发干净了，现在的这种汞异常现象也就不会出现。这也像是在给后人传递着这种信息：秦始皇陵墓可能仍然完好无损地沉睡在地下。

　　但是，今天也有一些专家对上面的希望抱有怀疑。他们认为：不能轻易地下结论认定秦陵地宫保存完好。汞异常现象和其他可疑现象有可能是墓中其他物质的理化反应造成的。

　　看来，真正揭开谜底，只能等待秦始皇陵被打开的那一天。

拓 展 阅 读

　　秦始皇兵马俑博物馆上是我国最大的古代军事博物馆。1961年，国务院将秦始皇陵定为全国文物重点保护单位。1987年，秦始皇陵及兵马俑坑被联合国教科文组织批准列入《世界遗产名录》，并被誉为"世界第八大奇迹之一"，令中国人以此为豪，令全世界为之惊叹！

废墟的交河故城

古城内为何有婴儿墓群

交河故城位于我国新疆吐鲁番盆地，因河水分流绕城下，故称交河。这里曾是古代西域36国之一的"车师前国"的都城，是该国政治、经济、军事和文化中心。

交河故城曾出土不少文物，如唐代莲花纹瓦当、莲花经卷等。考古工作者在故城保护性发掘中，首次发现一座地下寺院和

车师国贵族墓葬，并出土了海珠、舍利子等一批珍贵文物。

在交河故城的官署区旁边有着一个大型的墓葬群，这里埋葬的是230多个不满2岁的婴儿，在举世震惊的同时，这也成为了一个难解之谜。

这么多婴儿是怎么死的

现在流传于世的有几种说法：

第一，战乱中交河的国民因战败无法忍受胜利一方统治下的屈辱，将自己的孩子统统杀害。

第二，因为疫病、瘟疫而死。但是，这种瘟疫为何只造成孩童大量死亡？交河故城地处干旱的吐鲁番，在史前记载新疆的历史上都没有出现过这种疫情，疫情从何而来？交河的姐妹城市高昌为什么没事？此说法合情不合理。

第三，祭祀和供养说。交河是佛国，当时佛法昌盛到人人讲

佛的国家，拿小孩祭祀似乎又说不通。佛教的供养的方式可以自我修行、敬香花、等行为供着他，让佛知道你在想着他才是佛教的供养。所以这种说法更是无稽之谈。

那是什么原因造成这么多婴儿死亡呢？至今仍没有人能给出一个合理的解释。

未解疑云重重

古井之谜。考古人员在掏挖城南的一口古井时，在井深10多米处发现一个地下通道。这个地道是什么时代的产物？它是干什么的，目前还弄不清。有的专家猜测，这个地道可能是2000年前车师前国的防御工事。有人甚至猜测，当年的车师前国国王可能就是从这个地道突围出去的。

在西北佛寺的院子里还发现了一口古井，当掏挖至8米处时，

掏出两具女性骷髅，从牙齿判断，她们约30多岁。这两位女子胳膊被砍断，头部和脚部都受过重伤。她们是何人？如何死的？为何被埋藏在佛寺的井里？除此之外还有多少疑问。

临街为何不开门窗。交河故城建筑面积达30多万平方米，城内布局可分为三部分：贯穿南北的中心大道把居住区分为东西两部分，中心大道北端为寺院区。令人不解的是居住区的房屋临街不见一个门窗，这是为什么？

地下寺院之谜。在城的西北角发现了一座地下寺院，该寺院为弯顶式建筑，绘有壁画。僧房与寺院相通都在地下，过去曾被认为是一座被盗过的墓葬。

寺院中出土文物较丰富，不仅有5枚乳白色的舍利子，而且有铜佛像、汉文文书等。佛教在交河故城非常盛行，在城内现能见到的大小佛教建筑就有50多处，但这座佛寺为什么建在地下？它有什么特别的意义和作用呢？

拓 展 阅 读

交河故城是公元前2世纪至5世纪由车师人开创和建造的，在南北朝和唐朝达到鼎盛，9世纪至14世纪时，由于连年战火，交河城逐渐衰落。元末察合台时期，吐鲁番一带连年战火，交河城毁损严重，终于被弃。

大雁塔和小雁塔

大小雁塔的来历

西安市的大、小雁塔是中国保存较好的唐代古塔,不但在中国,即使是在世界上也颇有名气。

大雁塔位于西安大慈恩寺内,是中国佛教名塔之一。唐王朝为了请当时名闻遐迩的玄奘法师担任大慈恩寺的主持,特令在寺内修了翻经院。652年,玄奘上表,请求在慈恩寺内建塔以保存从印度带回来的佛经和佛像,朝廷欣然同意。

小雁塔坐落在西安荐福寺内,是一座

典型的密檐式佛塔。小雁塔建于707年，共15级，约45米高。

唐代名僧义净于671年由洛阳出发，经广州取海道到达印度，经历30余个国家，历时25年回国，带回梵文经书400多部。

706年，义净在荐福寺内翻译佛经56部，撰著《大唐西域求法高僧传》一书，对研究中印文化交流史具有很高的价值。现在荐福寺内仅存有建于唐景龙元年的小雁塔。

大雁塔竟是个不倒翁

游客到大雁塔如果细心观察的话，会发现大雁塔竟然是斜的。现今经实际测量后，得出塔身向西的偏离程度竟达1.0064米。这是怎么回事呢？难道大雁塔将成为比萨斜塔了吗？

据史料记载，早在1719年就发现大雁塔有倾斜的现象了，1985年已达到0.998米，现在已经超过1米了。虽然说："古塔十有九斜"，但这种倾斜毕竟让人担心大雁塔会因此倒塌。为何大雁塔经历了几千年的风雨，依然保存完好呢？

原来，在设计建筑这座塔时，地基是椭圆形，就像不倒翁的

底部，原理跟不倒翁是一样的，无论风往哪边吹，塔身就会做相应的摇摆，但就是不会倒。

后来由于开采地下水过多，导致了大雁塔周边的地质结构发生了变化，大雁塔出现了倒塌的危险。为了拯救大雁塔，政府又开始往塔身周围的地质中重新注入水分，让大雁塔又直立了起来。所以我们看到塔身会有潮湿的现象。

小雁塔裂缝竟能自动愈合

1556年12月12日，陕西省华县发生了8级大地震，西安距震中仅80千米，有80余万的居民死于地震，房屋与地面建筑大部分遭到毁灭性的破坏，尤其是高大的建筑物更是所剩无几。

整个西安城，瓦砾废墟比比皆是。而小雁塔却赫然矗立着，令人惊异不已！

105

在此之前，1487年的一次破坏性地震中，小雁塔从顶到底裂为两半，裂缝宽达0.3米。而在1521年的一次地震中，这偌大的裂缝竟在一夜之间弥合了，外观完整如故。此后，小雁塔又多次裂而复合，合而又裂。

至民国年间，小雁塔在一次地震中第四次裂开。直至1965年，国家拨款进行维修，并用钢箍加固了塔身，小雁塔反复裂合的历史方告结束。

小雁塔建成1200多年来，共经受了70多次地震，不仅塔身严重裂开，塔顶也受震坍落，原为15层，高43米，现剩13层，高33米，却一直岿然屹立。尤其它的"四裂三合"，为旷古罕见。

古人因不知道这是为什么，便认为塔是神人所造，能昭示世运盛衰，预兆吉凶。当地民间曾流传"动乱之年塔缝开，大治之年塔缝合"的谚语，越发给小雁塔裂合之谜抹上一层诡秘神奇的色彩。

原来，小雁塔的反复裂合都有其特定的规律，即多是大震裂、小震合。值得庆幸的是小雁塔裂开后，下一次地震正巧是小震，小震水平推力不大，

不足以将塔推倒。相反，由于分为两半的塔身重心仍偏向塔中，所以轻微的震动反使它向中间聚拢，由裂变合，而一旦合拢后，当然也就多少增强了其内在联系，从而提高了抗震能力，以致"四裂三合"。

拓展阅读

　　大雁塔的塔顶，刻有圣洁的莲花藻井，中央为一硕大莲花，花瓣上共有14个字，连读起来为诗句，可有数种念法。壁上玄奘所著《大唐西域记》中，记载了他在印度所闻的僧人传说，向游人解释了最可信的大雁塔由来之论说。

武当金殿怪象探究

神奇的武当山金殿

武当山金殿俗称"金顶"，在武当山主峰天柱峰的顶端，是我国现存最大的铜铸建筑物。

金殿高5.54米，宽4.40米，深3.15米，是铜铸鎏金、仿木构建筑。金殿下设圆柱12根，上边铸有宝装莲花，金殿檐椽呈斗拱形，结构灵巧精美。金殿的额枋和天花板上雕铸着流云、旋子等

装饰图案，线条柔和流畅。殿基为花岗岩砌筑的石台，四周绕石雕栏杆，益显庄严凝重。

殿内神像、几案、供器都是铜铸的，其中供奉着真武帝君，风姿魁伟，是武当山上现存最美的一尊真武神像。神像旁边立有金童、玉女，形象拘谨恭顺，素雅俊逸。"水火"二将列立两厢，威严勇猛，是全山铜铸造像艺术精华所在。

金殿恒型之谜

据《明史》记载，整个金殿用精铜80吨、黄金300多千克，殿宇共有1200多个铸铜鎏金构件。当时的工匠用手抬、人拉原始古老的办法把笨重的金殿、神像一件一件运到天柱峰，金殿组装办法也是先内后外，从下向上分层安装。

玄武神像及侍从首先安装就位，然后开始组装金殿，从下往上采用榫、铆、栓、焊等办法一件一件组装。组装完成后，用加

111

热后的水银和金箔搅拌成金泥涂抹在铜铸件的结合部，然后用木炭加热使水银蒸发，只留下金和铜铸鎏金构件，形成一个非常完整的整体。

从1416年建成至今，金殿在天柱峰上已度过587个春秋且依然完好如初。我们知道许多因素都能引起建筑构件的变形，这就要计算确定建筑构件外罩面或保护层中伸缩缝之间的距离，防止冷热变形而损坏建筑物。

据科学家测算，金殿只变形了宽3.8毫米，深2.7毫米，高为4.7毫米，这个数值足以使金殿变形裂缝，为什么这么大的铜铸鎏金建筑放在1600多米高的山顶经历了近600年的风吹日晒，没有变形开裂，依然完好如初，看不到一点变形裂缝？这真是一大科技之谜。

武当山金殿怪现象

金殿内有一盏常明油灯，已经不间断地燃了500多年，从没有熄灭过，现代学者们认为：殿内空气不能对流，"神灯"也就不受外界气候的影响。

每当大雨即将来临时，殿内神像上就会出现许多水珠，金殿顶上的饰物海马口中就会吐出串串白雾，还"喂喂"有声，像真马对天嘶鸣。更让人惊奇的是每当大雷雨来临时，金殿四周便出现盆大的火球来回滚动，虽然电闪雷鸣，震天动地，却丝毫无损于金殿。雨过天晴后，金殿的污垢全都都没有，显得更加辉煌，这一现象被称为"雷火烧殿"。围绕着武当金殿的种种谜团至今谁也无法解释其中的缘由。

拓展阅读

　　武当山又名太和山，在湖北丹江口市境内，是我国的名山之一，著名的道教圣地，山中有很多宫观亭殿，也是我国著名的游览胜地之一。

撒哈拉沙漠壁画

撒哈拉壁画的发现

撒哈拉壁画位于阿尔及利亚境内撒哈拉沙漠中一个名叫塔西里的荒凉高原上，故又名塔西里壁画。而在遥远的古代，这里曾有过丰富的水源、茂密的森林和广阔的牧场。

现如今这里早已是河流干涸，荒无人烟，空留下河流侵蚀而成的无数溪谷和一座座杂乱无章耸立着的锯齿状小山，以及巨大的蘑菇状石柱。

撒哈拉壁画疑云

　　20世纪初，法国殖民军的科尔提埃大尉和布雷南中尉等几名军官，在阿尔及利亚阿尔及尔南部5000米处一个尚未被征服的地区巡查时，偶然地发现了这些不为人知的壁画，他们感到十分好奇。1933年，布雷南率领一个骆驼小分队侦察塔西里高原时，接二连三地发现了几幅壁画，内容有猎人、车夫、大象、牛群，以及宗教仪式和家庭生活的场面。

　　布雷南花了大量时间用速写描下了这些壁画。当布雷南将这些速写画拿给法国的考古学家和地理学家们看时，他们感到非常兴奋。因为这无疑将证明，撒哈拉大沙漠绝非像人们所想象的那样一直荒无人烟，那里曾有过水源，有过牧场。

　　1955年，洛特得到法国一些科研机构和政府部门的支持与资助，组建了一支考察队。1957年，洛特把复制的1500平方米的

壁画带回巴黎，这些都是迄今所发现的史前最伟大的艺术的临摹抄本。随即，在罗浮宫展出，塔西里壁画令游客流连忘返，来到塔西里观光的游客，环顾一望无垠的大漠，不能不发出这样的奇想：茫茫大漠中真的会有神秘的岩画和不为人知的宝藏吗？

是谁在什么年代创造出这些庞大无比、气势磅礴的壁画群？刻制巨画又为了什么？尤其令人不解的是在恩阿哲尔高原丁塔塞里夫特曾发现一幅壁画，画中人都戴着奇特的头盔，其外形很像现代宇航员头盔。为什么头上要戴个圆圆的头盔？这些画中人为什么穿着那么厚重笨拙的服饰？

同样地，美国宇航局通过对日本陶古的研究，竟意外地披露了一点撒哈拉壁画的天机。

日本陶古是在日本发现的一种陶制小人雕像。这些陶古曾被许多历史学家认定为古代日本妇女的雕像。可是经过美国宇航局

科研人员鉴定，认为这些陶古是一些穿着宇航服的宇航员。这些宇航服不但有呼吸过滤器，而且有由于充气而膨胀起来的裤子。假若日本陶古真的是宇航员，那么，撒哈拉壁画中那些穿着宇航服的宇航员到底来自哪里呢？他们是当地的土著，还是来自外星球的天外来客？若是外星人，他们到撒哈拉沙漠来干什么？是传播文明吗？这一切都还是一个谜。

拓 展 阅 读

　　在非洲北部的大量国家，都发现了大量石器时代的岩画和岩雕。这些非洲史前艺术珍品具有独特的魅力，表明了非洲古代居民具有高度的创造力和丰富的想象力。从已能确定年代的岩画和岩雕来看，撒哈拉地区最古老的作品已有12000年以上的历史，而南部非洲最古老的作品则有28000年的历史。

英格兰巨石阵

神秘的英格兰巨石阵

在英国伦敦西南100多千米的索尔兹伯里平原上，一些巍峨巨石呈环形屹立在绿色的旷野间，这就是英伦三岛最著名、最神秘的史前遗迹——巨石阵。

巨石阵占地大约11公顷，主要是由许多整块的蓝砂岩组成，每块约重50吨。这些石柱排成圆形，最高的石柱高达10米，不少

横架在两根竖直的石柱上。

自从巨石阵被发现以来，人们对它的出现一直在猜测。这么巨大的石头究竟是怎么搭建起来的呢？这成为长久无法破解的一大谜团。

巨石阵建造之谜

巨石阵是人类早期留下来的神秘遗迹之一，科学家经过多次详细的考察之后，已经大概估计出它建造的年代和建造过程：巨石阵可能最早在四五千年以前开始动工，整个工程前后进行了数百年，才成为现今的格局。据估计，建筑巨石阵总共花了3000万个小时的人工，相当于10000人工作一年。

巨石阵的5座石碑坊里侧布置了许多蓝砂岩石柱，其中蓝砂岩的石柱残存到了今天。巨石阵的主要材料是蓝砂岩，小的有5

119

吨，大的重达50吨。但在索尔兹伯里地区的山脉中并没有蓝砂岩，最后，考古学家在南威尔士普利赛力山脉中发现了蓝砂岩。

　　科学家虽然知道原始石阵的石头是来自威尔士，可是没有人知道，古代的威尔士人是如何把这些几十吨重的巨石运到上千米

之外索尔兹伯里平原并建造这座巨石阵的。

　　曾经有40名科研人员做了一项试验，试图完全依靠几千年前古代人掌握的工具和方法，把一块只有3吨重的岩石从威尔士运到巨石阵的所在地。可是在他们费了九牛二虎之力以后，这块巨石

最终还是沉入了18米深的泥潭里。

一些科学家认为，这些巨石可能根本不是人力搬来的，而是由曾经覆盖地球表面的冰川带来的。但这也仅仅是一种猜测而已，巨石阵形成原因这道难题的确切答案谁也说不出来。

巨石阵建造目的之谜

巨石阵也叫圆形石林，据估计，这个巨石阵已经在这个荒原上矗立几千年了，它到底是用来做什么的呢？

一些科学家认为，巨石阵是早期英国部落或宗教组织举行仪式的中心。还有一些专家认为，那里是观察天文的地方，很可能

在季节变化之际在那里举行各种各样的活动。可是，没有人能确切知道当初建造它的目的到底是什么。

拓 展 阅 读

1130年，英国的一位神父在一次外出时，偶然发现了巨石阵，从此这座由巨大的石头构成的奇特古迹，开始引起了人们的注意。在英国人的心目中，这是一个神圣的地方。2008年，英国考古学家研究发现，巨石阵的准确建造年代距今约有4300年，即建于公元前2300年左右。

123

狮身人面像

狮身人面像的传说

据考古学家研究，狮身人面像是在大约公元前2500年，处于古王国时代第四王朝的埃及法老海夫拉统治时期修建的。这个国王的陵墓内部虽然比其父胡夫的金字塔逊色，却以其外部分布有致的建筑群而略胜一筹。

　　据说，海夫拉巡视墓碑时，为没有一个体现其法老威仪的标志而不满，一位石匠投其所好，建议利用工地上一块2000吨重的巨石雕一座象征法老的威严与智慧的石像，遂有了驰名世界的斯芬克斯狮身人面像。

　　在古代的神话中，狮身人面像是巨人与妖蛇所生的怪物：人的头、狮子的躯体，带着翅膀，名叫斯芬克斯。斯芬克斯生性残酷，他从智慧女神缪斯那里学到了许多谜语，常常守在大路口。每一个行人要想通过，必须猜谜，猜错了，就要被它吃掉，蒙难者不计其数。

　　有一次，一位国王的儿子被斯芬克斯吃掉了，国王愤怒极

了，发出悬赏："谁能把他制服，就给他王位！"

有一位名叫狄浦斯的青年，应国王的征召前去报仇。

他来到了斯芬克斯把守的路口。斯芬克斯拿出一个最难的给他猜："有一种东西，早晨用4条腿走路，中午用两条腿走路，晚上用3条腿走路，这是什么？"

"这是人。"聪明的狄浦斯很快地猜了出来。狄浦斯胜利了，他揭开了谜底，于是斯芬克斯只好用自杀去赎自己的罪孽。

科学家和地质学家研究了狮身人面像的年代后，认为其存在年代比海夫拉时代可能要早。而且，狮身人面像和同年代凿造的建筑物相比，其侵蚀程度也要比后者严重得多。

狮身人面像比金字塔还要古老

狮身人面像是刻在石灰石床岸上的，所以它坐落在一个壕沟里。壕沟的四壁给地质学家提供了令人感兴趣，又不确凿的证

据。它们被水严重侵蚀的事实，表明这个壕沟是在公元前5000年前开凿的，因为历史上这一地区的降雨量，只有那时是最高的。

同时，地质学家还进行了超声波穿透岩石的地震研究，使科学家们了解到了岩石受风化和侵蚀的程度，从而知道岩石暴露在暴风雨中的时间有多长。

研究揭示，狮身人面像的尾部是在海夫拉统治时期刻在石床上的，它的年龄只有巨像前面及两边的壕沟年龄的一半。也就是说，海夫拉只是对已经有几千年历史的狮身人面像进行了整修，并纳入他的墓群之中。

这一结论令考古学家大吃一惊，因为这说明了狮身人面像的头部在海夫拉出世时就屹立在那里几千年了，显然，这与他们所持的观点是相矛盾的。

狮身人面像难解之谜

1991年10月22日，地质学家在圣地亚哥举行的美国地质学年会上提交了他们的研究结果，认为巨像的实际修建年代在公元前7000年至公元前5000年之间。

针对这一观点，考古学家争辩说：就他们所掌握的知识来看，在海夫拉统治埃及以前的几千年间，生活在该地区的人根本不可能掌握建造这一建筑物的技术，甚至没有这种愿望。显然，地质学家的结论与考古学家和埃及学家对埃及了解的一切情况都是背道而驰的。

考古学家们坚持说，狮身人面像的修建技术比已确定年代的其建筑物的技术要先进得多，因此，将狮身人面像建筑年代再提

前几千年是不可思议的，也是不可能的。除非修建这一建筑的不应是当时的埃及人，而是另一群高级智慧生物。

狮身人面像到底是地球人建的，还是外星人建的，这个问题也同金字塔一样成为当今的难解之谜。

鼻子的失踪之谜

狮身人面像诞生几千年以来，饱经风吹日晒，脸上的色彩早已脱落，精工雕刻的圣蛇和下垂的长须，早已不翼而飞。然而，最叫人痛惜的是，它的鼻子怎么掉了呢？这又是一个谜。

一种至今广为流传的说法是，1798年，拿破仑侵略埃及时，看到它庄严雄伟，仿佛向自己示威，一气之下，命令部下用炮弹

轰掉了它的鼻子。可是，这种说法并不可靠，早在拿破仑到达之前，就已经有关于它缺鼻子的记载了。

还有一种说法是，500年前，狮身人面像曾经被埃及国王的马木留克兵当作大炮轰射的靶子，也许那时已经负了伤，鼻子挂了彩。

但是，又据某些记载，埃及的历代法老和臣民，视这尊石像为"太阳神"，朝拜的人往来不绝。后来，风沙把它慢慢地掩了一大半，这时，一名反对崇拜偶像的人，拿着镐头，爬上沙丘，狠狠地猛凿露出沙面的鼻子，毁坏了它的容貌。

更奇怪的是前来拜访狮身人面像的游客，都可以看到它胸前两爪之间的一块残存的记梦碑。

碑上记载着一段有趣的故事。3400年前，年轻的托莫王子，来这里狩猎。大概是奔跑得筋疲力尽了，便坐在沙地上歇息。不知不觉竟然睡去，并在朦胧中梦见石像对他说："我是伟大的胡

尔·乌姆·乌赫特（古埃及人崇拜的神，意为神鹰），沙土憋得我透不过半点气来，假如能去掉我身上的沙。那么，我将封你为埃及的王。"

王子苏醒过来后，便动员大批人力物力，把狮身人面像从沙土中刨了出来，并且在它的身旁筑起了防沙墙。

拓展阅读

狮身人面像坐落在开罗西南的吉萨大金字塔近旁，是埃及著名古迹之一，与金字塔同为古埃及文明最有代表性的遗迹。像高21米，长57米，耳朵就有2米长。除了前伸达15米的狮爪是用大石块镶砌外，整座像是在一块含有贝壳之类杂质的巨石上雕成的。面部是古埃及第四王朝法老，即国王海夫拉的脸型。

金字塔里的秘密

金字塔如何能建的如此精确

埃及金字塔是埃及古代奴隶社会的方锥形帝王陵墓。大金字塔是第四王朝第二个国王胡夫的陵墓，建于公元前2690年左右。原高146.5米，因年久风化，顶端剥落10米，现高136.5米；底座每边长230多米，三角面斜度52度，塔底面积52900平方米；塔身由230万块石头砌成，每块石头平均重2.5吨，有的重达几十吨。

　　有学者估计，如果用火车装运金字塔的石料，大约要用60万节车皮；如果把这些石头凿碎，铺成一条一尺宽的道路，大约可以绕地球一周。据科学家考证，这座金字塔是10万人用了30年的时间才得以建成。

　　如果说金字塔的建造令我们迷惑不解的话，那么，金字塔本身所包含的秘密更令我们难以想象和猜测。

　　暂且不说它的神秘，只是它那涵盖的科学技术就令我们惊叹不已了！

　　金字塔与天文学、数学有着一种现代人难以理解的联系。

　　大金字塔的底是地球旋转大轴线一半长度的1/50，但如此精确的数字，建造者是怎么算出来的呢？人们不得而知。

　　同时，这座大金字塔还确定了法寸的长度与公亩的边长，人们可以从中找到一寸的长度，它与普鲁士的古尺相等。

　　大金字塔的重量单位或容量单位是以上述的长度单位与地球的密度组合而成的；大金字的热量单位是整个地球表面的平均温度；时间的单位与一周7日的分法也在其中得到表现。

　　另外，大金字塔内陈放法老灵柩的墓室，其尺寸为2：5：8和3：4：5，这个数字正好是坐标三角形的公式。这个公式的发明人是古希腊的哲学家毕达哥拉斯，而毕达哥拉斯诞生时，金字塔早已建好2000年了。

金字塔与科学的含义

　　大金字塔地址的选择更颇有意味，子午线正好从金字塔中心穿过，也就是说它坐落在子午线的中间。这似乎可以窥视金字塔的建造者，为什么要选在沙漠中这块独特的岩石地带作为塔址。这片岩石地带有一道V字形的天然裂缝，正好利用它来建造巨大的陵墓。

　　而且，金字塔坐落的地方，正好可以把陆地和海洋分成相等

的两半。不是对地球构造了如指掌的人，是不可能选择这里作为塔址的，而古埃及法老们有这个能力吗？

越来越多的学者发现金字塔有着挖掘不尽的科学含义。1949年一位德国学者提出，用金字塔的数学资料可以轻而易举地推算出地球的半径、体积、密度及各星球运行的时间，甚至男人女人的生命周期。当人们尚对此瞠目结舌时，法国一位更前卫的学者在1951年提出了更加玄奥的问题："大金字塔是否包含了原子弹的方程式？"

金字塔的建造之谜

金字塔的建造方法没有任何文献记载。后人有几种推想。一种是用一个巨大的杠杆，一端用绳子绑住石块，另一端通过人力将石块吊往上方，然后将石块逐步往上堆砌；另一种推测是，用土堆成斜坡，利用木质滚轴将石块拉上去，土堆应是环绕金字塔螺旋上升的；也有人认为，第二种方法土堆的清除是一个很大的问题，因而推测开始用土堆，然后用杠杆。

但是也有另外的说法，2006年时，费城德莱瑟大学材料工程学教授巴尔·索姆就推测，"古埃及人在建造金字塔的上层时，是把混凝土灌入高处的模子内，而不是把巨石拖运到高处。"这种说法遭到许多人质疑，其中他们质疑巴尔·索姆的采样是否是采样到近代修补金字塔时所用到的水泥。

而法国建筑师让·皮耶·胡丹于2007年3月31日提出"由内往外盖"论点，认为是在大金字塔外墙砌一道外置斜坡，接着再建构一条内部螺旋隧道。

金字塔是外星人所造吗

考古学家称金字塔内藏有外星人或生物。保罗·加柏博士与其他考古专家在研究埃及金字塔的内部设计技术时，偶然发现塔内密室中藏有一具冰封的物体。保罗·加柏博士用探测仪器检查后，竟发现该物体内有心跳频率及血压显示，相信它已存在5000

多年。

专家们还认为，冰封底下是一个仍有生命力的生物。科学家们又从该塔内发现的一卷用象形文字记载的文献得知，约距今5000年前，有一辆被称为"飞天马车"的东西撞向开罗附近，并有一名生还者。

该卷文献称之生还者为设计师，考古学家相信这个太空人便是金字塔的设计及建造者，而金字塔是作为通知太空的同类前往救援的记号。

但令科学家们迷惑不解的是太空人为何制造了一个如此稳固、不会溶解的冰格，并把自己藏身于内？

金字塔所包含的这许许多多的秘密困惑着各国一代又一代的科学家。什么时候，人们才能揭开金字塔的真面目？

太阳神巨像今安在

罗德岛的神奇传说

爱琴海上的罗德岛是古希腊文明发源地之一。在神话传说中，远古时代，希腊诸神争夺神位的战争结束后，宙斯成为众神之王。宙斯给诸神分封了领地，唯独忘了出巡天宫的太阳神阿波罗。等阿波罗出巡归来，宙斯指着一块隐没在爱琴海深处的巨

石，把它封赐给了阿波罗，巨石欣然升出海面，欢迎太阳神阿波罗来居住。

阿波罗对这块领地颇为满意，用他的妻子爱神阿芙罗狄蒂之女罗德斯的名字，命名为罗德岛。他的3个儿子卡米诺斯、莫诺利索斯、林佐斯也分封在岛上，各自建立了自己的城邦。岛上繁荣富庶，文明兴起。公元前408年，几个城邦联合，组成统一的罗得国，从此国家更为强盛。但罗德国的繁荣，也引来了战争。雅典、斯巴达、马其顿等国相继入侵，城池屡遭破坏。公元前227年，一场毁灭性的大地震毁掉了岛上的所有城市。

太阳神雕像是什么样

罗德斯岛太阳神巨像铸造于公元前302年，是为了纪念公元前305年发生的一场战争。公元前305年亚历山大国王继承人之一安

141

琪柯的儿子米特里·波里奥克特企图谋取霸权，进攻罗德斯岛，罗德人民英勇奋战，打败侵略者取得了战争的胜利。为了纪念这次保卫战的胜利，罗德人用缴获的青铜武器12.5吨，熔化后历时12年之久，铸造了这尊高达36.5米的太阳神阿波罗巨像，这一艺术造型是罗德雕刻艺术的珍品。

令人遗憾的是于公元前224年毁于一场地震。

长久以来，有关巨神像的模样众说纷纭，一般人都相信它是两脚分开、手持火把，站立于罗德斯岛曼德拉港口的入口处，船只由其胯下经过。然而，研究显示以港口的阔度和巨像的高度来计算，这种结构不合常理。因为巨像跨越港口入口必须要250米高才能办到，不论以金属或石块来建造，跨立的巨像绝对无法承受巨大张力和冬季强风，而且倾倒后巨像的遗迹也会阻碍港口，所以估计真实的巨像应该立于港口东面或更内陆的地方。

太阳神雕像去哪了

关于太阳神巨像的下落，有人说由于铜像没法重新竖起，在7世纪被分解熔化制作成其他器械；有人说铜像被盗走，贼船在海上遇风沉没了，后人只能根据史书简略的记载想象它的规模。据说，美国纽约自由女神像即以太阳神巨像为蓝本，那手擎火炬、头戴光冕的姿势就带有太阳神巨像的影子。

考古学家的努力似乎为了解真相带来了一线希望。随着对罗德斯岛考古发掘的深入，一枚出自公元前3世纪的钱币引起了人们的注意，这枚钱币上有太阳神赫利阿斯的头像。经专家鉴定，这个头像正是太阳神巨像作者哈列塔斯作品的临摹画。

　　但遗憾的是铜币上只有赫利阿斯的头像，没有身体，巨像的姿势依然无法推测。也许将来有一天，考古学家们能为我们解开这个千古之谜。

拓展阅读

　　希腊神话里被称为太阳神的有3位，但真正的太阳神是赫利乌斯。第二位是赫利俄斯，他的的形象为高大魁伟、英俊无须的美男子，身披紫袍，头戴光芒万丈的金冠。他每天驾驶着4匹火马拉的太阳车划过天空，给世界带来光明。而罗德斯岛上的雕像是与赫利乌斯混淆，同时也被奉为太阳神的光明之神的阿波罗。

神秘的亚历山大灯塔

亚历山大灯塔的历史

公元前280年秋天，一个月黑风高的夜晚，一艘埃及皇家喜船，在驶入亚历山大港时，触礁沉没，船上的皇亲国戚及从欧洲娶来的新娘，全部葬身鱼腹。这一悲剧，震惊了埃及朝野。埃及国王托勒密二世下令在最大港口的入口处，修建导航灯塔。

经过40多年的努力，一座雄伟壮观的灯塔竖立在法洛斯岛的

东端。它立于距岛岸7米处的石礁上，人们将它称为"亚历山大法洛斯灯塔"。

当亚历山大灯塔建成后，它以120米的高度当之无愧地成为当时世界上最高的建筑物。他的设计者是希腊的建筑师索斯查图斯。1500多年来，亚历山大灯塔一直在暗夜中为水手们指引进港的路线。

14世纪，亚历山大城发生了一场罕见的大地震，摇晃的大地以巨大的力量摧毁了这座古代世界的建筑奇迹。这座亚历山大城的忠诚卫士就这样消失了。

又过了一个世纪，埃及国王玛姆路克苏丹为了抵抗外来侵略，保卫埃及及其海岸线，下令在灯塔原址上修建了一座城堡，并以他本人的名字命名。

1966年，此城堡改为埃及航海博物馆，展出模型、壁画、油

145

画等，介绍自10000年前从草船开始的埃及造船和航海史。与开罗古城堡并称为埃及两大中世纪古城堡。

灯塔究竟是什么样呢

关于这座灯塔，历史上有过记录。1165年，阿拉伯史学家伊本·谢赫访问亚历山大时，写成了《艾列夫巴》一书，较为详尽地描述了灯塔。

1909年，德国工程师特里希根据各种文献绘制了灯塔的复原图。这两份材料是现今了解灯塔的主要依据。

　　灯塔的塔身是由上中下三部分组成的。下层塔身底部呈方形，塔身随着上升逐渐收缩，高约71米，底部每一边长为高度的一半，上面四个角各安置一尊海神波赛敦的儿子口吹海螺号角的铸像，以此来表示风向方位。

　　中层呈八角形，高约34米，相当于下层高度的一半。上层呈圆柱形，高约9米，上层塔身之上是一圆形塔顶，其中一个巨大的火炬不分昼夜地冒着火焰。塔顶之上铸着一尊高约7米的海神波赛敦青铜立像。

塔身高114米，加上塔顶和塔顶之上的青铜立像，高度约135米。据说，在距离60千米外的海面上就能看到它的巨大躯体。而由凹面金属镜反射出来的耀眼的火炬火光，使夜航船只在航行到距它56千米的地点就能够找到开往亚历山大港的航向。

灯塔如何能数百年不息

亚历山大灯塔是世界著名的七大奇迹之一，但早已沉入汪洋大海。它的下落一直令人困惑，更引人猜测。

1994年，一些潜水员在亚历山大港东部港口的海床上发现了灯塔的一些遗址。通过卫星照片，更多的遗址随后显现了出来。

2005年5月，埃法水下科学考察队在地中海海底发现3处具有2000多年历史的古迹和两处地下古城，并打捞出不同时期的各种雕像、器皿、浮雕和钱币等。

也有人认为，这个灯塔并不存在，是人们想象出来的。因为除了文字记载，并没有人见过它的实物。

好在埃及有关部门根据考察资料绘出了亚历山大灯塔的复原图，法埃学者联合水下考古也证明了亚历山大灯塔是确实存在的。

拓展阅读

亚历山大灯塔的名气在当时远远超过了金字塔，这个灯塔从公元前281年建成点燃起，直至641年阿拉伯伊斯兰大军征服埃及，火焰才熄灭。它日夜不熄地燃烧了近千年，这是人类历史上火焰灯塔所未有过的。

亚伯拉罕岩石和财宝

亚伯拉罕岩石的来历

亚伯拉罕岩石是一块长约18米，宽约12米，厚约两米的花岗岩石，安放在信奉基督教的犹太人和信奉伊斯兰教的阿拉伯人奉为圣地的寺院内。

很久以前，有个被犹太教徒和基督教徒尊为"信仰之父"的人，名叫亚伯拉罕。他遵照神的旨意，在这块岩石上用火灼烤自己的独生儿子依撒。神对亚伯拉罕坚定的信仰极为赞赏，把他的儿子从火中救了出来，并传下旨意："今后，亚伯拉罕的子孙将在这块土地上世代繁衍。"于是，那块岩石遂被称为亚伯拉罕岩石。

以后，亚伯拉罕子孙中，产生了名震世界的犹太国王达庇代·所罗门。他的国家空前强盛。3000多年前，所罗门以神圣的亚伯拉罕岩石为中心建造了宏伟的神殿。对犹太人来说，至关重要的"契约箱"就安放在神殿内。

契约箱和财宝的遗失

距今2400年前，巴比罗尼亚王耐布卡耐扎尔的军队推翻犹太人统治时，所罗门的神殿被毁。混乱之中，"契约箱"和无数所罗门的财宝下落不明。以后，耶路撒冷几度沦为战场，遭到战火

的荡涤。最后，占领城市的伊斯兰教徒也以亚伯拉罕岩石为中心建造了伊斯兰教的寺院。很多年过去了，到了20世纪，有几个学者指出：亚伯拉罕岩石下面有个洞穴，可能下落不明的"契约箱"和无数财宝就藏在那里。

曾经有几个英国冒险家在获悉了学者们的看法后，试图寻找"契约箱"和珍宝。这几个英国人买通了岩堂的守夜人，在夜里潜进岩堂进行挖掘。一到天亮，他们便把洞口伪装上。就这样，他们一连干了好几个夜晚，但最后还是被发现了，几个英国冒险家一溜烟地逃得无影无踪。

契约箱下落之谜

又有人说，"契约箱"和所罗门珍宝实际上是藏在"约亚暗道"里。"约亚暗道"相传是大卫王在攻打耶路撒冷时，偶然发现的一条可以从城外通到城里的神秘通道。

据说这条暗道后来又和所罗门圣殿连在一起。早在"巴比伦

之囚"以前，犹太人就已经把"契约箱"和所罗门珍宝藏到暗道里去了。

1867年，有一个叫沃林的英国军官，在耶路撒冷近郊参观时，在一座清真寺的遗址中，偶然发现了一个有石梯的洞。他顺着石梯一直往下走，一直走到洞的深处。后来，他发现他头顶上的岩石中还有一个圆洞。他攀着一条绳子爬进了圆洞后，又发现了一条暗道。他顺着暗道又来到另一个黑漆漆的狭窄山洞。最后，他好不容易顺着山洞走到了外边。出来一看，大吃一惊，原来，他发现自己已经站在耶路撒冷城里了。学者们测定，这条秘密的地下通道建于公元前2000年左右，并推测它就是"约亚暗道"。

在20世纪30年代，又有两名美国人来到暗道寻找过"契约箱"和珍宝。他们在"约亚暗道"里一处土质不同的地方，发现了一条秘密地道。地道里有被沙土掩埋着的阶梯。两人想用随

身带着的锹把沙土挖开，但是，阶梯上的流沙却越挖越多，连地道口也几乎被堵住了。他们慌忙逃出地道。第二天，他们下来发现，地道的入口又被流沙盖上了。

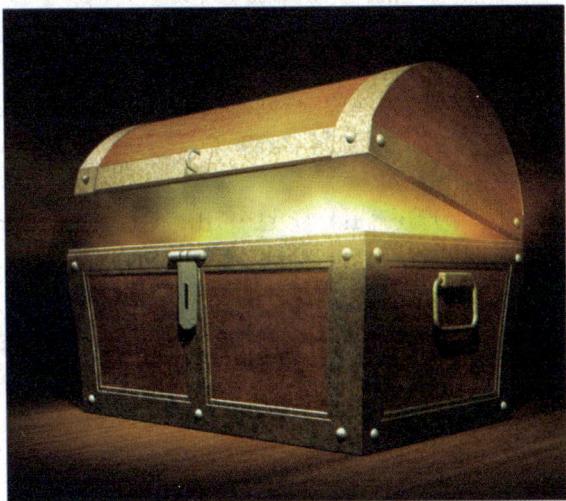

还有人传说，"契约箱"早已不在耶路撒冷，它收藏在埃塞俄比亚古都阿克苏玛的一座古寺里。据说，所罗门的一个儿子从耶路撒冷偷出了真的"契约箱"，又把一个假"契约箱"留在了耶路撒冷。直至今天，"契约箱"和所罗门珍宝仍然是一个谜。

拓展阅读

契约箱，人类历史上最神秘的圣器之一。相传它储放在西奈山顶上，上帝亲手在玛瑙板上给先知摩西写下《十诫》圣谕。圣经中记载，契约箱还是神与以色列人的通话工具，甚至是最可怕的战斗武器。

图书在版编目（ＣＩＰ）数据

　　千古名胜大图解 / 赵喜臣编著. -- 长春：吉林
出版集团股份有限公司，2013.10
　　（图解世界地理 / 刘厚凤主编. 第2辑）
　　ISBN 978-7-5534-3279-3

　　Ⅰ．①千… Ⅱ．①赵… Ⅲ．①名胜古迹－世界－青年
读物②名胜古迹－世界－少年读物 Ⅳ．①K917-49

　　中国版本图书馆CIP数据核字(2013)第226590号

千古名胜大图解

赵喜臣　编著

出 版 人　齐　郁
责任编辑　朱万军
封面设计　大华文苑（北京）图书有限公司
版式设计　大华文苑（北京）图书有限公司
法律顾问　刘　畅
出　　版　吉林出版集团股份有限公司
发　　行　吉林出版集团青少年书刊发行有限公司
地　　址　长春市福祉大路5788号
邮政编码　130118
电　　话　0431-81629800
传　　真　0431-81629812
印　　刷　三河市嵩川印刷有限公司
版　　次　2013年10月第1版
印　　次　2020年5月第3次印刷
字　　数　118千字
开　　本　710mm×1000mm　1/16
印　　张　10
书　　号　ISBN 978-7-5534-3279-3
定　　价　36.00元